ARTHUR RIMBAUD

Nous soussignés, membres de la légion de la garde nationale sédentaire de Douai, protestons contre la lettre de monsieur Maurice, maire de Douai portée à l'ordre du jour du 18 septembre 1870.

Pour répondre aux nombreuses réclamations des gardes nationaux non armés, monsieur le maire nous renvoie aux consignes données par le ministre de la Guerre; dans cette lettre insinuante, il semble accuser de mauvaise volonté ou d'imprévoyance le ministre de la Guerre et celui de l'Intérieur. Sans nous ériger en défenseurs d'une cause gagnée, nous avons le droit de remarquer que l'insuffisance des armes en ce moment doit être imputée seulement à l'imprévoyance et à la mauvaise volonté du gouvernement déchu, dont nous subissons encore les conséquences

Fac-simile d'une page de manuscrit
de Arthur Rimbaud

ARTHUR RIMBAUD

A DOUAI
ET
A CHARLEVILLE

Lettres et écrits inédits
Commentés par Georges IZAMBARD

SIMON KRA, 6, RUE BLANCHE, PARIS

IL A ÉTÉ TIRÉ DE CET OUVRAGE
DONT LA PRÉSENTE ÉDITION CONSTITUE L'ÉDITION ORIGINALE
600 EXEMPLAIRES SUR VÉLIN,
NUMÉROTÉS DE 1 A 600.

AVANT-PROPOS

M. Georges Izambard qui fut, au Collège de Charleville, en 1870, le professeur de Rhétorique, puis le confident et l'ami d'Arthur Rimbaud, avait conservé, de son ancien et génial élève, une précieuse collection de manuscrits, prose ou vers, lettres reçues, poèmes à lui dédiés ou recopiés pour lui tout exprès. En 1911, à la suite de prêts imprudents, ou même de larcins effrontés, son actif d'autographes se trouvant notablement diminué, il avait appris à mieux défendre ce qui lui en restait ; mais, naturellement, il n'espérait plus augmenter ce capital, lorsqu'un heureux hasard le remit inopinément en présence d'une liasse nouvelle de manuscrits de Rimbaud, des lettres de lui, de sa mère et de plusieurs de ses condisciples, Léon Billuart, Arthur Binard, Ernest Millot. Il y avait quarante ans que ce trésor dormait oublié dans sa cachette, à l'insu de son heureux possesseur qui, l'ayant souvent et vainement recherché, avait fini par en faire son deuil. L'histoire de ce dossier retrouvé, M. Izambard l'a racontée dans *Vers et Prose* en même temps qu'il donnait à cette revue, aujourd'hui disparue, quelques-unes de ces épaves du passé. Son article se terminait par un « à suivre » plein de promesses, mais le second article n'a jamais paru, ni là, ni ailleurs. L'auteur, s'étant ravisé entre temps, réservait cette suite pour une monographie plus complète sur l'existence de Rimbaud à Charleville et à Douai.

Nous avons prié M. Izambard de reprendre et d'achever pour nous cette monographie, en vue d'une plaquette de luxe, celle que nous présentons aujourd'hui au public, et dont le tirage artistique, limité à dessein, répondra, ce nous semble, au goût des collectionneurs, comme aux desiderata des amis de Rimbaud. Ils y trouveront, en plus de quelques textes déjà publiés mais devenus introuvables en librairie, toute une documentation nouvelle, ne comprenant que de l'inédit : nous disons de l'inédit pur, autre chose et mieux que des raclures de tiroirs. M. Izambard nous y révèle, avec preuves et textes à l'appui, un

Rimbaud jusqu'ici connu de lui seul, celui qui, à Douai, fut son hôte, ou plutôt l'hôte de ses tantes, les dames Gindre.

Parmi les autographes exhumés ainsi de l'oubli, il en est un qui nous profile une silhouette assez inattendue, paradoxale même, celle d'un Rimbaud garde national *volontaire*, quatre-septembriste et gambettiste exubérant, ardent patriote, patriotard presque, réclamant des armes pour la défense du sol, pour la protection des remparts de la cité douaisienne, devenue momentanément sa petite patrie d'élection. — Rien n'y perce encore du futur communard, d'intention sinon de fait, que nous verrons, cinq mois plus tard, s'exaspérer dans ses rancœurs.

M. Izambard avait gardé le souvenir d'un entrefilet porté par Rimbaud à une feuille douaisienne de 1870. Etant repassé à Douai il y a quelques années, il a recherché cet article et en a pris une copie. On y verra notre héros s'essayant, non sans gaucherie, au journalisme, au petit reportage ; mais cette gaucherie, c'est la rançon du poète qui se mêle de politiquer.

L'ÉDITEUR.

I

Rimbaud a Charleville et a Douai.

C'est le hasard seul qui voulut que Rimbaud fût élève du collège de Charleville dans le même temps où j'y fus nommé professeur. Comment pourrais-je tirer vanité d'une rencontre qui fut purement accidentelle ? Qu'elle m'ait fait grand plaisir alors, et que j'en garde précieusement le souvenir, je ne saurais m'en cacher. Quant à décider si ce hasard eut une part quelconque, bonne ou mauvaise, dans la formation de son esprit, dans celle de sa mentalité, c'est une controverse où je n'ai que faire d'intervenir, car j'y serais juge et partie. Je l'abandonne à ceux qui, très nombreux, ont pris sur eux de l'arbitrer en toute équité,... c'est-à-dire en y mêlant à forte dose leurs passions politiques, leurs préférences d'école, ou les suggestions préconçues de la thèse à faire prévaloir.

« Ancien professeur de Rimbaud », c'est l'appellation sous laquelle on me désigne, nuancée d'un blâme ou d'un compliment, dans les milieux rimbaldistes. Honorifique en somme, elle ne laisse pas cependant de me chiffonner un peu. Gravée sur mes cartes de visite, elle me vaudrait, j'imagine, des succès qui dépasseraient mes ambitions : je serais le monsieur qui s'intitule « Lecteur assidu de *Mon Curé chez les Riches* », ou encore : « *Un tel, ramené au bien par M. Paul Claudel* ».

Ce titre, c'est pourtant moi qui l'ai assumé de mon plein gré dans les premiers articles en l'honneur de Rimbaud. N'était-il pas la raison d'être et la garantie des souvenirs que j'apportais ? Je n'ai plus à le répudier : c'est une étiquette épinglée à mon nom. Mais une étiquette est toujours limitative : elle vous assigne une place dans un casier, un numéro d'ordre dans un catalogue, elle vous fige dans une attitude, chose à laquelle j'ai toujours répugné. Celle-ci voudrait faire tenir, dans mes sept mois de Charleville, toute l'existence d'un homme presque octogénaire... Non ! La vie de Rimbaud n'a pas absorbé toute la mienne ; je n'ai pas tiré de lui ma substance, ni vécu de lui et sur lui

Comme un colimaçon sur la feuille d'un chou

et, s'il m'a plu, étant né homme de lettres, de le rester pour moi seul, de me complaire dans mon isolement, sans me poser pour cela en misanthrope, et sans me prétendre méconnu, ai-je eu tort ou raison ?... Inhabile aux tractations commerciales, j'ai tiré de la condition d'écrivain non des profits, mais des jouissances ; et je ne sache pas avoir perdu au change.

Souvent, en voyant l'âge me gagner, je m'étais promis de revenir à Rimbaud, de dire enfin ce qui me restait à dire sur tels moments de son adolescence que j'étais seul à connaître. Laissant donc en suspens d'autres études qui m'avaient capté, je voyais peu à peu mon livre prendre tournure, lorsqu'une attaque d'hémiplégie vint me surprendre en plein travail. Comme elle n'affectait que le côté gauche, elle me laissait la consolation de pouvoir tenir une plume : c'était beaucoup. Mais, à l'essai, je dus m'avouer que, pour le feuilletage des notes, le repérage ou le reclassement des références, une seule main ne suffit pas à la besogne ou la fait mal, ou sur un rythme ralenti par la carence de l'autre main. Rebuté par l'inimitié occulte des impondérables, je perdis patience et lâchai tout deux ans durant. Mais l'inaction me pesait comme un remords. L'insistance des fervents de Rimbaud m'a rendu courage et volonté. J'ai donc repris ma tâche avec le désir têtu de la mener jusqu'au bout... Va donc pour « Ancien professeur de Rimbaud » : l'appellation ne me choque plus puisque c'est à ce titre que je vais à nouveau parler de lui.

A Charleville

C'est dans la seconde moitié de janvier 1870 que je vins occuper mon poste au collège de Charleville. (Ma nomination porte la date du 17 janvier.) J'avais exactement 21 ans, peu d'expérience, à peine plus que lui. J'arrivais disposé à remplir allégrement ma tâche d'enseignant.

Le Rimbaud que j'ai vu, que je vois encore dans ma classe, installé au premier plan, face à ma chaire, c'est un « petit Poucet » rêveur, menu et timide — fiez-vous à ces timidités-là ! — l'élève de rhétorique un peu guindé, sage et douceâtre, aux ongles propres, aux cahiers sans tache, aux devoirs étonnamment corrects, aux notes de classe idéalement scolaires, bref un de ces petits monstres exemplaires et impeccables, incarnant au superlatif le type de la bête à concours, de « l'assis » de collège : masque d'habitude et non d'hypocrisie, non voulu sans doute, mais que je lui vis toujours sur son banc de classe.

Le Rimbaud intime que j'ai connu *parallèlement*, que j'ai vite appris à connaître quand il m'attendait à la sortie pour m'accompagner jusqu'à ma porte, c'est l'intellectuel vrai, tout vibrant de passion lyrique, et si ingénument fier de se révéler tel, si heureux de trouver enfin à qui parler de vers et de poètes !... C'est l'enfant, traité d'abord en camarade plus jeune, et peu à peu en ami cher, dont j'ai reçu les premières confidences, exacerbées par l'oppression familiale, les premiers aveux d'ambition littéraire impatiente, et enfin ces chaudes effusions de cœur, dont il s'est montré fort peu prodigue envers d'autres, et qui se révèlent dans sa lettre du 25 août et plus encore dans celles du 5 septembre et du 2 novembre 1870, les dernières retrouvées.

C'est miracle que je les aie retrouvées, celles-ci ; voici comment cela m'arriva :

J'avais pris de bonne heure l'habitude de conserver les missives de mes amis, sans m'astreindre toutefois à des classements compliqués ; je me bornais à les glisser, une fois lues, dans un tiroir *ad hoc*. Quand mon tiroir débordait, j'entassais le contenu dans des boîtes à cigares désaffectées correspondant au format des enveloppes. J'étais bien décidé à feuilleter de temps à autre ces reliques, à remuer pieusement cette cendre d'une génération d'amis aujourd'hui complètement éteinte. Las! quarante ans passèrent sur le trantran de ma vie, sans que les trépidations de ce long voyage m'eussent fourni l'occasion d'exhumer ce mélancolique passé.

Mais, sur la fin de 1910, ayant à répondre à certaines allégations de feu Berrichon, — mais cela, c'est une autre histoire, qui sera contée en temps et lieu — je ne voulus pas m'en tenir aux seules données de ma mémoire, très présente quant aux faits et à l'ordre des faits, mais naturellement moins affirmative quant aux dates secondaires. Où retrouver ces dates, et comment les reconstituer. Je repensai alors à mes boîtes à

2

cigares, superposées maintenant, comme en un *columbarium*, dans une vieille malle devenue branlante avec l'âge :

> O buffet du vieux temps, tu sais bien des his-
> [toires,
> Et tu voudrais conter tes contes......

Elles me permettraient, ces paperasses jaunies, à l'écriture déteinte, de jalonner à l'aide de dates indiscutables les étapes successives de mon existence en 1870-71, et de jalonner par suite les étapes de Rimbaud lui-même : tous les menus faits, incidents, anecdotes ou voyages, qui marquèrent alors sa vie parallèlement à la mienne, reviendraient se loger dans le cadre même où ils s'imposèrent jadis à mon attention et à ma mémoire. Quant à retrouver dans ces liasses une seule de ses lettres, je n'y songeais pas du tout, croyant bien les avoir mises toutes à part dès le début ; mais le résultat dépassa mon attente : des lettres de sa mère et de lui revinrent ainsi à la lumière.

De plus, grâce à d'autres lettres contemporaines des siennes et authentifiées de même par les cachets de la poste, j'ai pu repérer comme je le désirais cette chronologie en partie double et, sur les détails « que je garantis » comme sur les erreurs que je rectifie expressément, y compris celles que j'ai pu commettre, je ne crains plus aucun démenti, mes souvenirs n'étant pas obnubilés par des raisons de famille ou de gloriole.

Le collège de Charleville, sous l'Empire, était soumis à un régime hybride et bizarre : le séminaire voisin daignait y envoyer ses élèves à titre d'externes. En rhétorique, sur vingt-cinq élèves il y en avait onze ou douze représentant l'élément laïque, c'est-à-dire le collège ; les autres fournis par le séminaire venaient en classe en soutane. C'est devant cet auditoire mi-parti que je faisais mon cours. Entre eux, comme entre Guelfes et Gibelins existaient d'intimes divisions ; moi naturellement, je restais neutre. Rimbaud, bien vu de ses camarades du collège qu'il obligeait volontiers de ses lumières, et considéré par ceux-ci comme leur porte-drapeau dans les compositions, était cordialement détesté par les champions du camp adverse.

Un jour, dans la classe aux gradins étagés, pendant le calme plat d'une composition en vers latins, une voix aigre s'élève d'un des bancs supérieurs : « M'sieu ! Rimbaud triche !... Il a passé un papier à son voisin. » Je me précipite, saisis le corps du délit et le leur tends pour leur prouver qu'il n'a rien de suspect... Mais déjà Rimbaud s'est levé à demi ; avec le geste auguste du semeur, il envoie son *Thesaurus* à la tête de l'énergumène... « Oh ! », fis-je d'un air suffoqué qui me dispensait de sévir autrement (car, élève, j'eusse agi comme lui). Mon Rimbaud s'est rassis, stoïque et dédaigneux, comme un qui chante dans les supplices. L'incident n'eut pas de suites... Cet essai de balistique est d'ailleurs la seule peccadille antidisciplinaire que se soit permise « l'élève modèle » dans tout le cours de cette année. L'histoire du *Degueulare superbos* qu'il aurait substitué en bredouillant au *Debellare* de Virgile, n'est pas de mon temps, et remonterait plutôt aux légendes qu'on brodait sur le père Bos : *humi bos, superbos*, etc... Certes, j'eusse fait en ce cas la sourde oreille ; mais Rimbaud, à qui j'accordais tout son franc parler au dehors, à qui je donnais, plusieurs fois la semaine, des leçons particulières purement bénévoles, Rimbaud, dis-je, ne m'eût pas mis dans l'alternative ou de le rembarrer à contre-cœur, ou de paraître partial en lui passant cette gaminerie. Et je dis ceci uniquement pour donner une idée de la délicatesse — rare chez tout écolier — qu'il apportait spontanément dans nos rapports. Il y avait déjà de l'homme chez lui.

Aussi le traitais-je en homme. Et comme, visiblement, il n'y était pas habitué, cela lui allait au cœur. Il me disait ses lectures, déjà abondantes, variées sans pruderie, mais sans recherche aucune de salacités équivoques. Ainsi mithridaté, que ne pouvait-il lire ?... Ce qu'il ne me disait pas encore, c'est à quelles ruses il était forcé de recourir, chez lui, pour y déguster en catimini les romans les plus anodins, les plus manifestement littéraires : je fus instruit de la chose par la lettre suivante (une de celles retrouvées en 1910). Elle me fut remise par le concierge du collège :

Monsieur Izambard, professeur de Rhétorique, Charleville.

Monsieur,

Je vous suis on ne peut plus reconnaissante de tout ce que vous faites pour Arthur ; vous lui prodiguez vos conseils, vous lui faites faire des devoirs en dehors de la classe, c'est autant de soins auxquels nous n'avons aucun droit.

Mais il est une chose que je ne saurais approuver, par exemple la lecture du livre comme celui que vous lui avez donné il y a quelques jours (les misérables *V. hugot). Vous devez savoir mieux que moi, monsieur le professeur, qu'il faut beaucoup de soin dans le choix des livres qu'on veut mettre sous les yeux des enfants. Aussi j'ai pensé qu'Arthur s'est procuré celui-ci à votre insu, il serait certainnement dangereux de lui permettre de pareilles lectures.*

J'ai l'honneur, Monsieur, de vous présenter mes respects.

V. Rimbaud.

4 mai 1870.

Stupeur !... En même temps, un avis du principal, M. Desdouest, me priait de passer à son cabinet après la classe. Il m'expliqua, en s'excusant d'une aussi absurde commission, que la dame, très courroucée, était venue lui rapporter le livre incriminé pour qu'il me le rendît lui-même avec admonestation bien sentie ; qu'il trouvait cet effarouchement parfaitement ridicule en l'espèce ; qu'en sa qualité d'administrateur, il avait dû promettre de m'en donner connaissance ; il me pria d'aller porter moi-même mes explications à l'ombrageuse maman. J'y allai de ce pas : mes explications étaient fort simples, le difficile fut de les placer. J'eus à subir comme entrée de jeu tout un cours de politique au poivre : Victor Hugo, qu'elle écrivait hugot, c'était l'ennemi de l'autel et du trône, justement banni pour ses productions dépravées… *Les Misérables* surtout, cette œuvre qui… que… Je compris qu'elle avait sur le cœur le mot de Cambronne imprimé en effet en toutes lettres dans le chapitre de Waterloo, et qui avait soulevé de pathétiques colères : « Trouvez-vous bien d'enseigner ces choses-là à vos élèves, monsieur le professeur ? » Comme j'avais encore le livre rendu sous le bras, je pus lui démontrer séance tenante qu'elle avait mal lu ou mal retenu le titre du présent ouvrage ; ce n'était pas *Les Misérables*, c'était bel et bien *Notre-Dame de Paris;* et j'avais prêté cela à son fils pour qu'il y fît provision de couleur locale en vue d'un discours français donné en classe et portant ce titre : « Lettre de Charles d'Orléans à Louis XI pour solliciter la grâce de Villon, menacé de la potence [1]. »

Les Misérables, je les avais lus naguère, mais je ne les avais pas en propre : ces dix volumes, de soixante ou de quatre-vingts francs selon l'édition, dépassaient les ressources d'un modeste débutant comme moi... La dame poursuivait ses diatribes sans m'écouter : je compris qu'elle exécrait ce « hugot » en bloc et de confiance sans l'avoir lu, puisqu'il était, paraît-il, mis à l'index : le livre était impie et je n'avais pas le droit de

1. C'est en mars ou avril que fut donné ce sujet. Rimbaud, ayant utilisé le livre pour ses recherches, l'avait, avec mon autorisation, gardé ensuite, pour lire à loisir les autres romans en prose : *Han d'Islande*, *Le dernier jour d'un condamné*, etc., mais l'édition était fort antérieure à la publication des *Misérables*.

rendre son Arthur complice de mes impiétés. Arthur eut son compte aussi ; il semblait qu'il ne pût marcher qu'à renfort de calottes dans le sentier de la vertu et du prix d'honneur... Je croyais entendre Mme Pernelle, dans Molière, distribuant à la ronde ses criailleries et ses mercuriales... Mes vingt et un ans restèrent déférents jusqu'au bout, mais une fois dehors, j'aspirai une bonne poumonnée d'air frais... Votre serviteur, dame Pernelle !

Elle ne soupçonnait pas toute l'étendue de mon crime : en même temps que le « hugot », et toujours en vue du même devoir sur Villon j'avais prêté à Rimbaud le *Gringoire* de Banville, œuvre éminemment perverse. C'est même par ce livre qu'il prit contact avec l'école parnassienne, et on peut voir qu'il s'en inspira quelques jours après dans son *Bal des Pendus*. Du même temps est *Ophélie*, d'après un sujet de vers latins donné en classe.

Je savais donc maintenant en quelle chiourme peinait soir et matin ce galérien du rudiment :

Et la mère fermant le livre du devoir,
S'en allait satisfaite et très fière, sans voir
Dans les yeux bleus et sous le front pleins
[d'éminences
L'âme de son enfant livrée aux répugnances...
Tout le jour il suait d'obéissance, très
Intelligent [1]...

1. Cette pièce, *les Poètes de Sept ans*, a été écrite chez moi à Douai. Rimbaud *me l'a fait lire* après l'avoir écrite, et ce détail fixe mon opinion, puisque je n'ai jamais revu Rimbaud après sa seconde fugue à Douai. Il la destinait, ai-je dit, à Demeny, qui habitait Douai et à qui je l'avais présenté... Le fait qu'il l'a jointe plus tard à une lettre datée du 10 juin 1871 (cf. *Nouvelle Revue Française*, n° du 1er octobre 1912), ne prouve absolument rien, car Rimbaud, quand il envoyait ses vers à quelqu'un, les datait au petit bonheur, généralement du jour de l'envoi, et non du jour de l'enfantement. Au surplus, quel était le destinataire de cette lettre ? Paterne a cru que c'était moi. Il me désignait par cette périphrase dédaigneuse : « Un professeur plus âgé que lui, qui s'adonnait à la versification ». Mais Paterne s'est trompé une fois de plus. Le destinataire, c'était Paul Demeny, l'auteur des G... (*les Glaneuses*) dont il est question un peu plus loin (p. 178 de cette même revue). L'envoi par la poste des *Poètes de Sept ans* faisait double emploi avec l'exemplaire qu'il en avait reçu de la main à la main, *en octobre 1870*. Nous en fîmes la remarque

Dès ce jour, mon affection pour lui s'accrut en raison de sa détresse morale ainsi révélée ; mais, ni alors, ni plus tard, je n'eus garde de lui faire entendre des propos de nature à diminuer chez lui le respect filial.

Dès ce jour aussi je commençai à soupçonner obscurément qu'une relation de cause à effet devait exister entre cette tyrannie domestique et le dualisme cérébral constaté par moi tant de fois. Le Rimbaud du collège, hermétique et réticent, paraissait, même là, se sentir encore sous la poigne de fer qui le mâtait ; tout autre était le Rimbaud de nos entretiens, épanouissant son moi dans une sorte de liesse intellectuelle. Cette persévérance de l'action occulte, je ne l'ai bien comprise qu'après coup, quand la psychologie, devenue plus pénétrante, nous a pourvus d'un langage adéquat à ses nouvelles observations. Rimbaud, lui aussi, a pris conscience plus tard de ce dédoublement de sa personnalité : « Je est un autre », m'écrivait-il.

quand Demeny me montra un peu plus tard la lettre de Rimbaud.

L'orageuse entrevue que j'ai dite avait eu lieu moins d'un mois avant le grand coup de feu des concours académiques. Rimbaud s'y préparait par un redoublement de devoirs supplémentaires qu'il déposait sur le coin de ma chaire munis du classique *Lege quæso*. La correction détaillée, verbale ou écrite, de ces extras m'absorbait hors classe une bonne partie de mon temps : c'était ainsi que je me vengeais de cette mère qui, reconnaissant m'avoir les obligations les plus grandes, m'avait payé de ma peine par un acte de délation... Quand vinrent les concours, Rimbaud était prêt. Le sujet de discours latin, je ne me le rappelle pas ; en vers latins, on donna comme matière : *Allocution de Sancho Pança à son âne* [1]. Rimbaud obtint le premier prix. C'est le 17 juillet que j'en fus avisé officieusement par une lettre venue de Douai, siège de la Faculté. Cela clôturait dignement l'année scolaire.

1. Je dis bien : en Vers latins, et non en Discours latin. Ce discours à un âne, imposé à de grands garçons comme exercice d'éloquence, aurait passé pour une mystification de mauvais goût.

Malheureusement, cette bonne nouvelle coïncidait avec une autre, celle-ci inquiétante : la guerre venait d'être déclarée à la Prusse. *Le Pays* du 16 juillet, journal dirigé par Granier de Cassagnac, contenait un article signé de son fils Paul, avec ces lignes :

... Vous, républicains, souvenez-vous qu'à pareille époque, en 1792, les Prussiens entraient en Lorraine, et la Convention déclarait *la France en danger*. Vous fûtes grands et nobles, souvenez-vous !... Vous, légitimistes, n'oubliez pas que vous êtes revenus en 1815 par ce même chemin qui garde encore vos pas : ces traces, effacez-les !... Vous, Orléanistes... etc.

Le fâcheux, c'est que ces invites, plutôt flatteuses, avaient été précédées, dans le n° du 13 juillet, de phrases comme celles-ci :

Pour nous la guerre, en ce moment, est impérieusement réclamée par les intérêts de la France et par les besoins de la dynastie... Le gouvernement de Napoléon III doit au gouvernement de Napoléon IV d'enlever de son chemin toutes les pierres qui pourraient le faire trébucher dans ses premiers pas...

Ces déclarations, si exclusivement, si égoïstement dynastiques, alors que le sort de la France était en jeu, avaient soulevé un tolle presque unanime. Le lundi 18, Rimbaud me remit, après la première classe, le sonnet *Aux morts de Valmy* qu'il avait perpétré la veille : « Ça c'est pour vous, Monsieur ». Je ris et je lus : « Merci, lui dis-je ». C'est en versifiant éperdument qu'il se reposait de son long surmenage. A la même date se rattachent : *A la Musique, le Forgeron, Soleil et Chair* qu'il écrivit après la lecture du *Satyre*, de Victor Hugo, et de *l'Exil des Dieux*, de Banville. Il m'avait parlé de *Soleil et Chair* comme d'un effort qui lui donnait quelque orgueil, mais il ne se décidait pas à me l'apporter : il me le réservait pour la veille de mon départ, soit pour me laisser de sa maîtrise cette dernière et lumineuse vision, soit pour que le pédagogue d'hier, entré en vacances et redevenant ainsi un monsieur comme un autre, ne se crût pas obligé de ciller aux endroits où s'estompe de mousse la splendeur pubère de Cypris :

Et son ventre neigeux brodé de mèches folles :

M. Marcel Coulon a découvert que Rimbaud adressa à Théodore de Banville — en juin ou mai — une pièce qu'il ne me montra qu'en juillet : cette pièce, c'est *Soleil et Chair*. Voilà qui est parfait, et j'envoie à M. Coulon toutes mes félicitations pour sa trouvaille : elle ne me ravit pas moins que lui : « Izambard, dit-il, Izambard attendra six semaines avant d'avoir connaissance du poème, et ignorera toujours, bien entendu, que Banville en eut la primeur »[1]. Pourquoi ce triomphant « bien entendu » ? J'ai toujours pensé, sinon écrit, qu'à ce moment-là, soit pendant l'espace de cinq ou six mois, Rimbaud n'avait pas de secrets pour moi... Las ! aurais-je donc, en pensant cela. cédé au péché d'orgueil ? Pardon, je ne le ferai plus : « Ex-confident d'Arthur Rimbaud », encore un titre de gloire qui ne figurera jamais sur mes cartes de visite.

Mais, voici que, dans *Les Nouvelles Litté-*

1. Marcel Coulon : *Au cœur de Verlaine et de Rimbaud*. Voyez p. 130.

raires, ces six semaines se changent en trois mois... Ça n'aggraverait pas beaucoup mon cas, mais ici je rectifie au nom de la sainte vérité. C'est bien *le 18 juillet*, et non plus tard, que Rimbaud m'a remis, sous les allées, cette pièce éblouissante. Nous nous étions arrêtés de marcher : il se tenait près de moi, muet, guettant mes premières impressions... qui furent ce que vous pouvez croire... Mais l'envoi à Banville ?... Vous voyez là une cachotterie ? Ces cachotteries-là sont courantes quand on mijote une surprise. Pour lui, la bonne surprise serait de me dire, le jour venu : « Vous savez, cette fameuse pièce que je piochais, Banville l'accepte pour le *Parnasse* : voyez ! » mais Banville se tint coi, et le poète, déçu, un peu vexé peut-être, ne souffla mot de sa démarche avortée. N'est-ce pas très humain, surtout chez un orgueilleux de sa trempe ?... Et pourquoi donc, s'il vous plaît, aurais-je été jaloux de Banville ? Rimbaud, c'était « mon poulain », comme on dit dans l'ignoble argot des sports. Un manager prend-il de l'humeur quand il voit son poulain mieux en forme ? Le mien, je l'avais grisé de Lucrèce — oui, aussi, — et de Victor Hugo, et de Banville. Le *Satyre*, ce formidable morceau de la *Légende des siècles*, nous l'avions ensemble lu à haute voix, relu, dépiauté voracement ; festin de rois. Dans une autre séance, régal de gourmets avec du Banville. Relisez ces chefs-d'œuvre ; et puis relisez celui que Rimbaud en a tiré : pour le fond, c'est Lucrèce et Hugo ; dans sa forme tangible, c'est du Banville : « du Banville répercuté », dit M. Marcel Coulon. Soit, l'expression me plaît, en ce qu'elle laisse entrevoir les sources d'inspiration, en excluant toute idée d'imitation haïssable.

M. Marcel Coulon dit encore, p. 124 : « Et j'ai combattu ainsi l'idée, soutenue par M. Izambard, que les *Etrennes des Orphelins* pussent être le premier produit de cette précocité monstrueuse »... Pardon, mon cher contradicteur : vous devez commettre une confusion. Jamais je n'ai soutenu cette idée, pas plus d'ailleurs que l'idée contraire : jamais Rimbaud ne m'a parlé de cette berquinade, jamais il n'y a fait allusion. Si j'ai connu son existence, ce n'est que longtemps après avoir quitté Charleville. Prenez acte de cet aveu qui renforcera votre thèse.

*
* *

La distribution des prix était fixée au 6 août, mais rien ne m'obligeait à y assister, et je comptais, aussitôt ma dernière classe faite, partir à Douai où je passerais mes vacances. Je gardais à Charleville mon petit appartements, au premier, « Sous les allées ». J'en laissai la clef à mes propriétaires, en les priant de la remettre à Rimbaud quand il viendrait la demander dans la journée : c'était, bien entendu, pour lui permettre de s'enfermer avec mes livres — lesquels étaient d'honnêtes livres — chaque fois que le cœur lui en dirait. Ne savais-je pas que, depuis mon entrevue avec sa mère, il avait bien trouvé, sans complicité de ma part, de quoi satisfaire sa louable passion. Je jugeais qu'étant en vacances je n'étais plus justiciable des préjugés de sa mère ; il n'y avait plus en présence un professeur et un élève : il ne restait plus en moi que l'ami, conscient de ses devoirs d'ami, et qui eût rougi de se prêter, par veulerie, à l'étranglement de sa curiosité intellectuelle.

Une des tantes de Douai par qui j'avais été élevé, Mlle Caroline Gindre, était près de moi à Charleville, durant les derniers jours de mon année scolaire. Des amis, des collègues, notamment Deverrière, professeur dans une grande institution libre de la ville, étaient heureux de causer avec cette femme d'une bonté, d'une intelligence et d'une culture d'esprit supérieures. Rimbaud était le plus assidu qu'il pouvait : « M. Izambard parti, que vais-je devenir ? disait-il. C'est sûr, je ne supporterai pas cette existence une année de plus. Je m'en évaderai : je puis gagner ma vie, je sais écrire : j'irai, pour commencer, faire du journalisme à Paris. — Vous croyez que c'est facile, glissait Deverrière, hanté des mêmes ambitions. Saurez-vous comme il faut jouer des coudes. »

— Eh bien, je tomberai sur la route, je mourrai de faim sur un tas de pavés, mais *je m'en irai*. — Cela je vous le défends, lui criais-je ; patientez une année de plus, ne heurtez pas de front votre mère ; tous vos prix, dans quelques jours, vont vous la rendre plus indulgente... — Vous ne la connaissez pas ! — Je vous dis qu'il faut rester, achever vos études, passer votre bachot... Ça ne sert à rien, mais ça suffit à tout, aurait dit Talleyrand. »

Mlle Gindre, à ma prière, avait invité Deverrière à venir passer une partie de ses vacances à Douai. Nous partîmes tous les trois le 24. Rimbaud vint nous faire ses adieux à la gare.

M'a-t-il écrit dans les premiers jours d'août ? C'est probable. En tous cas voici une lettre que j'avais gardée de lui. En 1900, j'en avais fait cadeau à Ernest Raynaud, qui en donna communication à Berrichon. Celui-ci la porta toute chaude à la *Nouvelle Revue Française* (n° du 1er janvier 1919) où elle parut agrémentée de ses commentaires fantaisistes :

Adresse : *Monsieur Georges Izambard*
29, rue de l'Abbaye des Prés
Douai (Nord)

très pressé

Charleville, 25 août 1870.

MONSIEUR,

Vous êtes heureux, vous, de ne plus habiter Charleville !

Ma ville natale est supérieurement idiote entre les petites villes de province. Sur cela voyez-vous, je n'ai plus d'illusions. Parce qu'elle est à côté de Mézières — une ville qu'on ne trouve pas —, parce qu'elle voit pérégriner dans ses rues deux ou trois cents de pioupious, cette benoîte population gesticule, prud'hommesquement spadassine, bien autrement que les assiégés de Metz et de Strasbourg ! C'est effrayant, les épiciers retraités qui revêtent l'uniforme ! C'est épatant comme ça a du chien, les notaires, les vitriers, les percepteurs, les menuisiers, et tous les ventres, qui, chassepot au cœur, font du patrouillotisme aux portes de Mézières ; ma patrie se lève !... Moi, j'aime mieux la voir assise ; ne remuez pas les bottes ! c'est mon principe.

Je suis dépaysé, malade, furieux, bête, renversé ; j'espérais des bains de soleil, des promenades infinies, du repos, des voyages, des aventures, des bohémienneries enfin : j'espérais surtout des journaux, des livres... Rien ! Rien ! Le courrier n'envoie plus rien aux libraires ; Paris se moque de nous joliment : pas un seul livre nouveau ! C'est la mort ! Me voilà réduit, en fait de journaux, à l'honorable « Courrier des Ardennes », propriétaire, gérant, directeur, rédacteur en chef et rédacteur unique : A. Pouillard ! Ce journal résume les aspirations, les vœux et les opinions de la population, ainsi, jugez ! c'est du propre !... On est exilé dans sa patrie !!!

Heureusement, j'ai votre chambre : — Vous vous rappelez la permission que vous m'avez donnée. — J'ai emporté la moitié de vos livres ! J'ai pris le « Diable à Paris ». Dites-moi un peu s'il y a jamais eu quelque chose de plus idiot que les dessins de Granville ? — J'ai « Costal l'Indien », j'ai la « Robe de Nessus », deux romans intéressants. Puis, que vous dire ?... J'ai lu tous vos livres, tous ; il y a trois jours, je suis descendu aux « Epreuves » puis aux « Glaneuses ». — oui ! j'ai relu ce volume ! — puis ce fut tout !... Plus rien ; votre bibliothèque, ma dernière planche de salut, était épuisée !... Le « Don Quichotte » m'apparut ; hier, j'ai passé deux heures durant, la revue des bois de Doré : maintenant, je n'ai plus rien ! — Je vous envoie des vers ; lisez cela un matin, au soleil, comme je les ai faits : vous n'êtes plus professeur, maintenant, j'espère !...

... (partie déchirée)... vouloir connaître Louisa Siefert, quand je vous ai prêté ses der-

niers vers ; je viens de me procurer des parties de son premier volume de poésies, les « Rayons perdus », 4e édition. J'ai là une pièce très émue et fort belle : « Marguerite ».

. . . .

Moi, j'étais à l'écart, tenant sur mes genoux
Ma petite cousine aux grands yeux bleus si doux :
C'est une ravissante enfant que Marguerite
Avec ses cheveux blonds, sa bouche si petite
Et son teint transparent....

. . . .

Marguerite est trop jeune. Oh ! si c'était ma fille,
Si j'avais une enfant, tête blonde et gentille,
Fragile créature en qui je revivrais,
Rose et candide avec de grands yeux indiscrets !
Des larmes sourdent presque au bord de ma paupière
Quand je pense à l'enfant qui me rendrait si fière,
Et que je n'aurai pas, que je n'aurai jamais ;
Car l'avenir, cruel en celui que j'aimais,
De cette enfant aussi veut que je désespère.

. . . .

Jamais on ne dira de moi : c'est une mère !
Et jamais un enfant ne me dira : maman !
C'en est fini pour moi du céleste roman
Que toute jeune fille à mon âge imagine.

. . . .

— Ma vie, à dix-huit ans, compte tout un passé

— C'est aussi beau que les plaintes d'Antigone, ἀνύμφη, dans Sophocle. — J'ai les « Fêtes Galantes » de Paul Verlaine, un joli in-12 écu. C'est fort bizarre, très drôle ; mais, vraiment, c'est adorable. Parfois de fortes licences : ainsi :

Et la tigresse épou | vantable d'Hyrcanie

est un vers de ce volume. — Achetez, je vous le conseille, « La bonne Chanson », un petit volume de vers du même poète : ça vient de paraître chez Lemerre ; je ne l'ai pas lu : rien n'arrive ici ; mais plusieurs journaux en disent beaucoup de bien.

Au revoir, envoyez-moi une lettre de 25 pages — poste restante et bien vite !

A. RIMBAUD.

P.-S. — A bientôt, des révélations sur la vie que je vais mener après les vacances...

Les romans cités dans cette lettre sont : *Castal l'Indien*, du capitaine Meyne-Reid, la *Robe de Nessus*, d'Amédée Achard ; *Les Glaneuses*, de Paul Demeny ; les *Épreuves*, de Sully-Prudhomme, s'il vous plaît... Berrichon dans son avant-propos, « croyait savoir » que les vers joints à cette lettre étaient *Soleil et chair*. Non. J'ai dit plus haut dans quelles conditions ce poème m'avait été montré. Mondit Berrichon s'étonnait ensuite « de voir Rimbaud reprocher à Verlaine d'avoir pris des libertés avec un art qu'il bouleversera lui-même bientôt de fond en comble »... Pour moi je ne fus nullement étonné, sachant très bien à qui et à quoi Rimbaud faisait allusion. Je l'ai expliqué dans un article de *Belles-Lettres* (n° de Janvier 1921), qui a justement pour titre : *Licences poétiques de Verlaine*. J'y ai raconté notre première entrevue, chez sa mère, rue de la Roquette. C'est là que je lui portai en communication tout ce que j'avais alors de Rimbaud. Une des lettres (celle-ci) accroche tout d'abord son attention parce que Rimbaud m'y parle de lui sans le connaître. Il est ravi : *Fortes licences* l'amuse, mais va l'amuser bien davantage quand il aura la clef de cette apparente critique. Voici : à mon arrivée à Charleville, j'avais fait la connaissance d'un employé des Contributions indirectes, dont le grand mérite à mes yeux était d'avoir connu personnellement Verlaine, à Fampoux, je crois, ou à Lécluse, dans le Nord. Vaguement teinté de lettres, cet excellent homme, ventripotent et rabelaisien, avait gardé dans sa mémoire un vers des *Poëmes Saturniens* dont la truculence l'effarait et le transportait d'aise. Il me resservait ce vers, chaque fois qu'il me rencontrait, en manière de « scie », avec des clameurs d'olifant et des contorsions de bouche « hénormes » :

Son haleine puait épouvantablement !

Je crois bien qu'il n'avait retenu que celui-là ; nous en savions d'autres. Je dis *nous* parce que Rimbaud assistait parfois à ces abordages tumultueux : « En a-t-il de belles *licences* », clamait Bretagne plaçant au hasard des termes de métier entendus ailleurs.

Des... licences ?.. mais pourquoi le contrarier ? « Ah oui, lui répondait-on, de ces licences *poïétiques que nous poïètes prenons* », comme dit Onésyme Boquillon, dans ses *lettres à sa payse*. Ces productions littéraires d'un cheminot en délire, très en vogue alors, contenaient parfois des trouvailles bouffonnes, genre *Ubu Roi* avant A. Jarry, donc tout indiquées pour des bafouillages esthétiques de ce gabarit. C'est tout simplement à cela que Rimbaud faisait allusion ; et, quand il évoquait pour moi ce souvenir de fraîche date, il savait que, placé à l'autre bout du fil, je percevrais très bien ce petit rire muet, « une *risure* de cristal », dont il soulignait ses malices.

Verlaine en est, dans son lit de malade, tout secoué d'allégresse, même il s'essaie à retrouver lui-même, pour marquer l'hémistiche, les enflements de joue et le « creux » sépulcral de son vieil ami des Indirectes :

Et la tigresse épou....

Pou, pou, pou, fait-il en soufflant des pois. Et ce vers, artistement décésuré, ou plutôt bicésuré, va l'amener à me parler des scrupules du poëte soucieux de sa technique. Mais j'en ai assez dit sur ce point.

On a vu que Rimbaud, dans cette lettre, ne faisait aucune allusion nouvelle à ses projets d'escampette. S'il y songeait, c'était pour « après les vacances ». Faut-il croire que les échos du canon de Sedan, à huit ou dix lieues de Charleville, surexcitèrent son système nerveux, comme le fait l'approche d'un cataclysme chez les « agités » ?

Toujours est-il que, quatre jours plus tard, il était en fuite : mais nous le sûmes que le 6 septembre, c'est-à-dire le surlendemain de la proclamation de la République : nous l'apprîmes par une double lettre du directeur de Mazas et de Rimbaud, celle-ci véritablement émouvante ; qu'on en juge [1] :

Paris, le 5 septembre 1870.

CHER MONSIEUR,

Ce que vous me conseilliez de ne pas faire, je l'ai fait, je suis allé à Paris quittant la maison maternelle ! J'ai fait ce tour le 29 août.

Arrêté en descendant du wagon pour n'avoir

1. La lettre n'était pas sous enveloppe, mais repliée sur elle-même, et fermée par un pain à cacheter, suivant un usage plus fréquent alors qu'aujourd'hui. Quand on ouvrait ces lettres, il arrivait qu'on fît sauter un peu du papier adhérent au pain à cacheter. Mais il est facile de rétablir les deux ou trois mots arrachés. Il y avait à droite : « Arthur Rimbaud, *détenu* à Mazas », et, à gauche : » Vous m'emménerez *avec vous* » ou « avec *vos tantes* ».

pas un sou et devoir treize francs de chemin de fer, je fus conduit à la préfecture et aujourd'hui, j'attends mon jugement à Mazas !... Oh !... J'espère en vous comme en ma mère ; vous m'avez toujours été comme un frère : je vous demande instamment cette aide que vous m'offrîtes. J'ai écrit à ma mère, au procureur impérial, au commissaire de police de Charleville ; si vous ne recevez de moi aucune nouvelle mercredi, avant le train qui conduit de Douai à Paris, prenez ce train et venez ici me réclamer par lettre, ou en vous présentant au procureur, en priant, en répondant de moi, en payant ma dette ! Faites tout ce que vous pourrez et, quand vous recevrez cette lettre, *écrivez, vous aussi*, je vous l'ordonne, *oui*, écrivez à ma pauvre mère *(Quai de la Madeleine, 5, Charlev.)* pour la consoler ; écrivez-moi *aussi ; faites tout ! je vous aime comme un frère, je vous aimerai comme un père.*

Je vous serre la main :

Votre pauvre
Arthur Rimbaud

(et si vous parvenez... à Mazas vous m'emmenerez à Douai avec).

Je fis tout... J'écrivis, j'expliquai, j'envoyai l'argent, priant qu'on le fît partir pour Charleville si la voie était encore libre, sinon pour Douai, chez moi. Et nous attendîmes avec anxiété. Quelques jours après il nous arrivait, penaud, défait, heureux tout de même d'en être quitte. Il fut reçu... comme l'enfant prodigue, parfaitement !... et n'eut le sermon qu'après. Puis on causa : il dit son arrivée, l'interrogatoire pas commode, ses effarements de bête traquée, le petit passage à tabac réglementaire, la vermine et le reste. « Bref, vous avez vu Paris, lui dis-je. — Mal ! à travers le grillage du panier à salade. — Et vous avez eu l'heur d'assister sur place à une révolution ? — Ouais ! entre les quatre murs de ma cellule. — Rien de plus suggestif qu'un mur, a dit Victor Hugo, à plus forte raison quatre murs... derrière lesquels il se passe quelque chose... Et vous avez acclamé la République ! — Oh ! je n'étais pas très en train, avoua-t-il modestement.

Mais le plus urgent — et le plus difficile à tous points de vue — était d'écrire à sa mère. Les lettres entre le Nord et les Ardennes passaient par la Belgique, retardées dans les deux sens par la désorganisation postale ? Je m'assurai qu'il écrivait avec toute l'humilité requise et j'écrivis, de mon côté, conseillant un peu d'indulgence après la sévère leçon qu'il venait de recevoir. Une réponse arriva seulement le 21 septembre (timbres de la poste), quoique datée du 17. Adressée à Rimbaud Arthur, chez Monsieur Izambard, à Douai. Elle était si violente, si comminatoire, si brutale pour lui, pour moi, pour les miens, pour quiconque se permettait de le recueillir au lieu de le chasser, que Rimbaud, perdant son calme de commande, fait les grands bras, sacre, jure, proteste qu'il ne retournera là-bas à aucun prix.

Je me fâche, nous nous fâchons tous, lui signifiant notre volonté. Calmé, il a fini par souscrire à tout ce qu'on veut ; mais j'ai de la méfiance, et je crois prudent d'instruire sa mère de l'effet désastreux de ses truculences ; que son fils, effrayé de ses menaces, ira sûrement à l'irréparable si on le jette à la rue comme elle l'ordonne ; que, d'autre part, mes tantes et moi lui avancerions volontiers le prix de son retour à Charleville, mais que je ne puis de Douai, lui prendre un billet *direct* pour cette destination, et que, si je lui mets l'argent en poche, dans l'état d'esprit où il est, il bifurquera au premier arrêt. Je ne vois qu'un expédient sûr, et je le lui soumets ; j'ai chez moi un de mes amis de Charleville, M. Deverrière, qui est notre hôte : en s'en retournant, il pourra lui ramener Rimbaud.

Avant que ma réponse ait pu la toucher, nouvelle lettre d'elle à moi cette fois :

Charleville, 24 septembre 1870.

MONSIEUR,

Je suis très inquiète et je ne comprends pas cette absence prolongée d'Arthur. Il a cependant dû comprendre par ma lettre du 17 qu'il ne devait pas rester un jour de plus à Douai ; d'un autre côté, la police fait des démarches pour savoir où il est passé, et je crains bien qu'avant le reçu de cette présente le petit drôle se fasse arrêter une seconde fois ; mais il n'aurait plus besoin de revenir car je le jure bien de ma vie je ne le recevrais plus (sic) *est-il possible de comprendre la sottise de cet enfant, lui si sage et si tranquille ordinairement ; comment une telle folie a-t-elle pu venir à son esprit, quelqu'un l'y aurait-il soufflé : mais non je ne dois pas le croire. On est injuste aussi quand on est malheureux, soyez donc assez bon pour avancer dix francs à ce malheureux, et chassez-le, qu'il revienne vite. Je sors du bureau de poste où l'on m'a encore refusé un mandat, la ligne n'étant pas ouverte jusqu'à Douai. Que faire? Je suis bien en peine. Que Dieu ne punisse pas la folie de ce malheureux enfant comme il le mérite.*

J'ai l'honneur, monsieur, de vous présenter mes respects.

V. Rimbaud

(Au dos) monsieur Izambard, professeur, rue de l'Abbaye des Prés « Douais » Nord.

Cachet de départ : Charleville, 5e, 24 septembre ; cachet d'arrivée à Douai trop maculé, illisible.

Cela ne répondait pas du tout à ma lettre : ma combinaison demeurant la seule raisonnable, Deverrière m'offrit d'avancer son départ de quelques jours. Moi-même, profondément ému des désastres qui pleuvaient sur le pays, je venais, quoique exempté du service pour myopie, de contracter un engagement pour la durée de la guerre. Toutefois, on ne serait armé que dans un mois et demi. En tout cas je ne serais pas à Charleville pour la rentrée des classes, dont la date devenait d'ailleurs de plus en plus incertaine. Mais comme j'y avais mon appartement, comme j'y avais laissé mes livres, force m'était maintenant d'y retourner pour les emballer et les mettre là-bas en lieu sûr, en prévision d'un bombardement de Mézières. *Ergo* je décide d'accompagner Deverrière et Rimbaud : je donne avis de notre départ à qui de droit — horripilante correspondance ! — et le 26 ou 27 septembre, nous partons tous les trois par la Belgique.

Chemin faisant, je leur parle d'une invitation reçue le matin même d'un de mes amis de lycée, Paul Durand, fixé à Bruxelles avec sa mère. Il m'engageait à aller passer un brin de vacances avec lui : j'aurai peu de temps à lui donner, mais j'irai quand même le voir à mon retour de Charleville... Rimbaud s'est isolé dans un coin du wagon, ne desserre pas les dents, l'esprit ailleurs. Fait-il encore des vers ou songe-t-il à l'accueil qui l'attend ?

Dans une chronique j'ai dit cet accueil tonitruant :

Ce qu'il y fut reçu dans le giron, l'enfant prodigue !... Et moi donc. Moi qui, terre-neuve naïf, avais tout exprès fait le voyage avec lui pour faciliter les expansions !...

Vous avez lu, dans Courteline, la scène du Monsieur qui a trouvé une montre, et qui la porte, la bouche en cœur, chez le commissaire. C'est tout juste si on ne le fourre pas au bloc comme voleur ou comme receleur... Très au vinaigre, à son habitude, la maman de Rimbaud flanqua comme il sied une pile monstre à son petit prodige de fils, et m'admonesta pour mon compte en termes si âpres que j'en restai d'abord tout ébervigé, et bientôt m'enfuis sous l'averse.

Mme Pernelle n'avait pas changé, et j'étais toujours, après « hugot », sa bête noire. Reserviteur, Madame Pernelle !... Et je m'en fus emballer mes livres, opération longue et fastidieuse, qui me prit plusieurs jours. Je trouvai ma bibliothèque accrue d'une demi-douzaine de volumes, de brochures et de journaux littéraires que Rimbaud, au début de ses vacances, y avait importés pour s'en délecter à cœur joie, tel un rat dans son fromage.

Il m'avait prévenu, me priant de les garder

pour moi, puisque, aussi bien, il n'oserait jamais les faire pénétrer chez sa mère. Veut-on les titres de ces ouvrages séditieux et délétères ! *Florise*, et *Les Exilés*, de Théodore de Banville ; un numéro des *Nouveaux Samedis* de Pontmartin ; *Les Couleuvres* de Louis Veuillot ; *Les Nuits Persanes*, d'Armand Renaud ; et des brochures dépareillées du *Parnasse Contemporain*. Je n'en omets pas, je n'en ajoute pas : j'ai la liste écrite.

Nous ne nous étonnions pas, Deverrière et moi, d'être sans nouvelles « du petit drôle », à qui j'avais préalablement recommandé une extrême soumission, une extrême prudence aussi, et spécialement de ne pas revenir me voir pendant ma station à Charleville, sans l'autorisation expresse de sa mère.

Avant de reprendre le chemin de Douai (avec le crochet prévu sur Bruxelles), j'ai tenu à aller visiter le triste Sedan et les champs de carnage de Bazeilles et de Balan. Quand je rentre à Charleville, vers le 8 octobre, on me remet un mot apporté par Mme Rimbaud, qui m'a cherché chez moi, chez Deverrière, à la pension où je prenais mes repas. Elle m'annonce que son fils est encore par voies et par chemins : elle voudrait me demander conseil...

Ah non !... J'en ai assez ! et je crois que tout le monde, en mon cas, aurait le même cri de lassitude. Mais... si pourtant je puis quelque chose... Allons je retarde l'heure de mon départ, j'attends la dame, je l'écoute : Arthur est reparti de la veille. [1]... Oui, c'est désolant, mais à la fin des fins, je ne suis pour rien dans ce prurit ambulatoire... J'ignorais tout de ce projet... On veut bien le reconnaître... Que de grâces ! C'est qu'on a en effet des indications précises : Arthur aurait pris à pied la direction de Fumay, dans l'intention probable de rendre visite à un de ses condisciples, Léon Billuard qui demeure là chez ses parents. Peut-être l'y a-t-on retenu. « Soit, Madame, j'allais repartir : Fumay est sur ma route, j'y ferai halte, je verrai Billuard, mon ancien élève. — Si vous y trouvez Arthur et qu'il

1. Reparti de la veille, ou peut-être de l'avant-veille. Remarquer que la pièce *Rêvé pour l'hiver, à Elle*, est cotée comme du 7 octobre 1870.

refuse de revenir de bon gré, veuillez prévenir les autorités locales et le faire ramener par la gendarmerie. — Bien. »

Me voici à Fumay... Oui, L. Billuard l'a hébergé, en effet, mais il est reparti à Vireux chez Arthur Binart, autre condisciple ! Je vais chez Binart, mon ex-élève aussi : « Rimbaud, parfaitement ! Il est reparti pour Charleroy où il espérait se faire embaucher comme rédacteur par M. des Essarts, propriétaire du journal de cette ville ... » En route pour Charleroy. Le directeur très accueillant, un peu solennel peut-être, m'explique que le jeune homme (je n'ai pas remarqué s'il prononçait *june homme*, Rimbaud le dit) lui a fait une très bonne impression tout d'abord et fut invité à dîner en famille ; mais qu'au dessert le néophyte voulant montrer sans doute sa connaissance des hommes, et des hommes politiques en particulier, s'est mis à qualifier ceux-ci à droite et à gauche — à gauche surtout, — de pignoufs : « ce pignouf de X, ce sauteur de Y, ce maringouin de Z. » — Et alors ? — Alors, dame, j'ai décliné ses offres de collaboration, et il s'en est allé. — Où cela ?

— Il n'a pas jugé bon de me le dire. » La piste est bien perdue ; je n'ai plus qu'à reprendre mon itinéraire primitif, c'est-à-dire le train de Bruxelles. J'y vais « surprendre » rue Fossé-aux-Loups, mon ami Paul Durand et sa mère : « Vous voilà ! me dit celle-ci ; nous vous attendions, votre chambre est prête... — Comment, vous m'attendiez? — Oui, votre élève « le petit Rimbaud », est venu nous donner avis de votre prochaine visite. — Lui ! — Il est très gentil, très doux... Le pauvre enfant, ajoute Paul Durand, avait beaucoup marché, paraît-il. Il était poudreux, boueux, faux-col sale, cravate en tordion... Tu comprends, je l'ai requinqué de mon mieux. — Qui, Rimbaud? — Oui, ton ami Rimbaud. — L'animal, il est donc là? — Non. On l'a logé ici deux jours, puis il a déclaré qu'il avait à faire son tour de Belgique pour son instruction, qu'il saurait bien se débrouiller. Nous l'engagions à t'attendre, puisqu'il était sûr que tu viendrais... Il a dit non... Alors soupçonnant qu'il n'était pas très argenté, je l'ai muni d'un léger viatique, bien qu'il y fit quelques façons, et il a filé... mais propre, bien cravaté, tout coquet... » Pour le coup j'éclatai de rire, et je le mis au courant de l'aventure... Et je me laissai dorloter à mon tour dans cette maison amie et aimée.

Cinq ou six jours plus tard, je réintégrais Douai. Je trouve les tantes en grand émoi parce que Rimbaud est là. Il s'est présenté en disant simplement : « C'est moi, je suis revenu ». En effet, avec le viatique de Paul Durand, il a pris le train direct pour Douai. Que faire ? Le chapitrer, mais le recevoir et le faire manger. Et après ?... On va décider de cela... Rimbaud m'apparaît, en faux-col à la mode, à coins cassés, plastronné d'une cravate en soie mordorée, d'un effet aveuglant ; un vrai dandy : Paul Durand a bien fait les choses.

– Comprenez-vous, lui dis-je, dans quelle alternative vous nous placez ? Nous ne voulons pas vous chasser et nous n'avons pas le droit de vous garder. Alors il n'y a que le commissaire... Je comprends très bien, je le savais. Faites, je vous obéirai. Et son flegme tient bon : peut-être ce genre d'émotion fait-il partie de son programme d'études. Donc, je préviens le commissaire, le priant toutefois d'attendre jusqu'à ce que la mère, immédiatement avertie, m'ait confirmé sa décision. Rimbaud pendant ces pourparlers, vivante image du fait accompli, garde son air de sérénité souriante : il ne se fait pas de bile, il est au chaud, il recopie des vers, qui ont le toupet d'être charmants. On connaît *Au Cabaret Vert, la Maline, le Buffet, Ma Bohême :*

J'allais sous le ciel, Muse, et j'étais ton féal !

A la moindre rature, il recommence et il exige de larges feuilles de papier écolier. Quand une main est noircie, il vient dire : « Je n'ai plus de papier. » et cela plusieurs fois par jour.

On lui remet les quelques sous nécessaires pour qu'il en aille acheter d'autre. « Ecrivez au dos » lui suggère une des tantes ; mais lui d'un air scandalisé : « Pour l'imprimerie on n'écrit jamais au dos ». Vous voyez bien qu'il songe à se faire imprimer.

Voici venir enfin la lettre maternelle, hélas !

telle que prévue : ordre de charger « la police » du rapatriement, et cela sans frais. Défense expresse de recourir à d'autres moyens. C'est donc bien elle qui, pour « le récupérer » économiquement, n'a pas reculé devant cet expédient peu reluisant. Je portai la lettre au commissaire qui, moraliste par état, eut cette réflexion goguenarde : « Une vraie maman-gâteau, la petite mère !... Enfin, amenez-le moi, je ferai le nécessaire. »

Je rentre. Rimbaud est prêt et m'attend, son petit baluchon sous le bras. Il a dit gentiment adieu aux tantes qui lui ont fait promettre « d'être sage »... Il a promis. En route je lui parle avec mon cœur, mon souci de son avenir, de sa gloire, de sa dignité aussi... J'ai l'impression qu'il me comprend, qu'il est ému en dedans, qu'il a le cœur serré... Je me trompe peut-être : Il est si impénétrable... Nous sommes arrivés : présentation au commissaire ; celui-ci m'a promis qu'il ne serait pas rudoyé. On se serre les mains avec force, et... Adieu vat !. C'est la dernière fois que je l'ai vu.

Mais une lettre de lui ne tarde pas à arriver :

Charleville, 2 novembre 1870.

MONSIEUR,

— A vous seul ceci —

Je suis rentré à Charleville un jour après vous avoir quitté. Ma mère m'a reçu et je suis là... tout à fait oisif. Ma mère ne me mettrait en pension qu'en janvier 71.

Eh bien ! j'ai tenu ma promesse.

Je meurs ; je me décompose dans la platitude, dans la mauvaiseté, dans la grisaille. Que voulez-vous, je m'entête affreusement à adorer la liberté libre, et... un tas de choses que « ça fait pitié », n'est-ce pas ? Je devais repartir aujourd'hui même, je le pouvais : j'étais vêtu de neuf, j'aurais vendu ma montre, et vive la liberté ! — Donc je suis resté ! je suis resté ! — et je voudrai repartir encore bien des fois. — Allons, chapeau, capote, les deux poings dans les poches, et sortons ! — Mais je resterai, je resterai. Je n'ai pas promis cela, mais je le ferai pour mériter votre affection. Vous me l'avez dit. Je la mériterai.

La reconnaissance que je vous ai, je ne saurais vous l'exprimer aujourd'hui plus que l'autre jour. Je vous la prouverai ! il s'agirait de faire quel-

que chose pour vous, que je mourrais pour le faire — je vous en donne ma parole. — J'ai encore un tas de choses à dire...

« Ce sans cœur » de Rimbaud.

A. Rimbaud.

Au dos :

Guerre ; pas de siège de Mézières. Pour quand ? On n'en parle pas ; j'ai fait votre commission à M. Deverrière[1] *et s'il faut faire plus, je le ferai. — Par ci, par là, des francs-tirades. Abominable prurigo d'idiotisme, tel est l'esprit de la population. On en entend de belles, allez. C'est dissolvant !*

Dût-on me juger très... rigolo, j'avoue que mes yeux se sont mouillés quand j'ai retrouvé et relu cette lettre. Et je la publie avec d'autant plus de joie qu'elle fait, ce me semble, autant d'honneur à Rimbaud qu'à moi-même.

1. Commission relative à mes livres, restés tout emballés à Charleville et qui mirent deux ans à me rejoindre, attendant que les transports fussent rétablis.

*
* *

Après son départ, le lendemain ou peu de jours après, quelqu'un des nôtres remarqua, sur la porte d'entrée de la maison, une petite pièce de vers de son écriture. Elle tenait peu de place et n'était pas fort apparente, écrite au crayon sur le vert foncé de la porte. On me la signala, je courus la lire. J'aurais dû prendre un crayon et la copier sur-le-champ ; c'était si simple. C'était trop simple : chacun de nous y pensa et personne ne le fit : le feu n'était pas au logis, que diable !... Non, mais la semaine suivante, des peintres s'en vinrent, de grand matin, donner un coup de badigeon. Quand on s'avisa du danger, le mal était fait.

Plusieurs fois il m'était arrivé, en rentrant du dehors, de m'arrêter un instant sur les degrés de l'entrée, pour la relire, cette piécette. Mais quoi ! malgré ma facilité à retenir les vers, pas un de ceux-ci ne m'est revenu. Je me souviens seulement du sens général : un adieu délicat, d'une mélancolie voilée, qui ne s'adressait pas directement aux hôtes du logis, mais bien à la maison même, dont l'hospitalité, par deux fois, lui avait été si accueillante. Cela faisait songer à une petite pièce de l'Anthologie : un ancien remerciant ses dieux Lares.

Quand l'avait-il écrite ?... Peut-être un peu avant d'être conduit chez le commissaire, chargé par moi — sur la volonté expresse de sa mère — de le rapatrier aux frais de la « Princesse ».

II

A DOUAI.

Loisirs de Poète.

On se demandera quel était, à Douai, le genre d'existence de Rimbaud, comment il y occupa ses loisirs pendant les deux périodes, de trois semaines chacune [1], au cours desquelles il fut mon hôte, ou plutôt l'hôte des dames Gindre, mes tantes...

« Mes tantes », c'est une façon de parler, car aucun degré de parenté n'existait entre elles et moi. J'étais simplement leur enfant d'adoption quoique mon père vécût encore.

1. Trois semaines en septembre, après sa première fugue, et trois autres semaines après la seconde fugue, soit six semaines au total.

C'est une très noble histoire et qui n'est pas étrangère à mon sujet. Avant que je vînsse au monde, mes parents avaient longtemps habité Douai, où ils s'étaient liés d'amitié avec la famille Gindre. Mon père était voyageur de commerce. Par la suite, il alla demeurer, avec sa femme et ses trois enfants, rue du Mail, à Paris. C'est là que je naquis, moi quatrième, le 11 décembre 1848. En avril de l'année suivante, leur jeune amie, Caroline Gindre, qui avait alors seize ans et demi, était venue de Douai passer quelques jours avec eux, lorsque ma mère fut emportée en trois heures, en pleine nuit, par une attaque de choléra. Mon père restait seul avec ses quatre enfants. Qui veillerait sur eux, alors que son métier l'obligeait à des absences fréquentes et prolongées ? Mais Caroline était là : Elle eut vite pris une décision. Le matin même, elle rafla les quatre gosses, s'en fut à la Gare du Nord, les enfourna dans le premier train en partance et, avec eux, réintégra Douai sans avoir pris le temps de consulter les siens, tant elle était sûre d'être approuvée... Or cette famille avait tout juste de quoi vivre, en travaillant. Mon père, dès qu'il put le faire, reprit avec lui mon frère aîné, puis, l'une après l'autre mes deux sœurs ; moi qui, au décès de ma mère, en 1849, avais juste cinq mois et demi, je fus sevré, entouré des soins les plus tendres ; leur attachement s'accrut en raison des peines que je leur coûtais et, finalement, d'accord avec mon père, il fut décidé qu'on me garderait. Leur maman devint ma maman, à moi aussi, et j'en eus quatre autres par surcroît, sans compter leur frère aîné, mon parrain, qui mourut officier d'artillerie au cours de la guerre de Crimée. En 1870, la mère Gindre était au cimetière, l'aînée des filles mariée au sculpteur René Fache. Les trois qui restaient vivaient en commun dans leur modeste mais gentille maison de la rue de l'Abbaye des Prés... J'ai dit plus haut que Deverrière, mon collègue de Charleville, s'y trouvait à titre d'invité, la première fois que Rimbaud y vint échouer, frais émoulu de Mazas. On installa ce dernier dans une chambre très gaie, où se trouvait une bibliothèque bien garnie, laquelle venait de mon parrain, et dont on nous laissait disposer librement. Parmi les classiques, il y avait un Montaigne sur lequel Rimbaud jeta tout d'abord son dévolu : un après-midi, rentrant à la maison, je le vois qui m'attend devant la maison, notre Montaigne à la main, l'air amusé. Dès que je l'ai rejoint, il me met le livre sous les yeux marquant du doigt une phrase qu'il me récite tout d'une haleine à mesure que je la lis. Il y est question de l'inspiration poétique. Pour la définir, le malin essayiste a choisi ses métaphores, semble-t-il, de façon à laisser transparaître un sens bouffon, de haulte gresse, sous les artifices d'une phrase très congrument agencée : lisez-la une fois, puis relisez-la, entre les lignes :

« Le poète, assis sur le trépied des muses, « verse de furye tout ce qui lui vient à la « bousche, comme la gargouille d'une fon- « taine, et luy eschappe des choses de diverse « couleur, de contrayre substance, et d'un « cours rompu. » (V. Livre III, ch. IV.)

Cette posture, ces hoquets, ces soubresauts égayaient fort Rimbaud, non qu'il eût l'esprit très porté à la grosse gauloiserie, mais une gaminerie ne pouvait effrayer l'inventeur du

Degueulare superbos. Toute cette journée et les suivantes, il me resservit à tout bout de champ sa rengaine, et moi-même — n'étions-nous pas des écoliers en vacances ? — j'entrai tout à fait dans son jeu... Vous savez ce que c'est qu'une scie ? On pratiquait beaucoup ce genre de sport, si bien qu'aujourd'hui je puis écrire la citation de mémoire sans avoir à consulter le texte original.

Et, si j'ai fait un sort à cette minuscule, à cette puérile anecdote, c'est que Rimbaud semble s'être souvenu de cette boutade dans ses triolets du *Cœur Volé :*

> Mon pauvre cœur bave à la poupe
> Mon cœur est plein de caporal.

Il m'adressait ces vers dans une lettre du 13 mai 1871 : « Je vois que vous vous êtes ressouvenu de notre vieux Montaigne », lui écrivis-je dans ma réponse... Ce n'est pas en vain qu'on a fréquenté les classiques.

Rimbaud garde national

J'ai dit que Rimbaud à Douai ne faisait pas que des vers ; on vient d'en avoir une preuve.

Voici un autre fait : il y fut garde national. S'il ne put se faire immatriculer en due forme, il a été, ce qui est bien plus méritoire, garde national « volontaire », le seul peut-être qui se soit jamais trouvé dans ce cas... Et si j'ajoute après cela qu'il a failli s'engager le même jour que moi dans l'armée combattante, on pensera que je vais un peu loin dans cette histoire incontrôlable : Patience, on verra bien si j'exagère.

Napoléon III qui, après le 2 décembre, avait supprimé les gardes nationales, avait jugé bon, sitôt la guerre déclanchée, de rétablir cette institution démodée. Moi, n'étant d'aucune arme [1], j'appartenais de droit à

1. J'aurais dû subir la conscription en 1869 : on m'oublia et je me laissai oublier, n'ayant aucun

celle-ci ; Rimbaud non, puisqu'il n'avait pas atteint l'âge de la conscription. Partout, on créait de nouvelles milices ; la catastrophe de Sedan, qui laissait béante notre frontière du nord-est, l'abdication de l'Empereur, réfugié chez nos vainqueurs, avaient changé du tout au tout le sens initial de cette guerre ; de guerre dynastique elle devenait guerre défensive : *Pro aris et focis*. Je décidai de m'engager pour le temps qu'elle durerait.

goût pour la vie de caserne. Mais la convocation sut bien m'atteindre un an plus tard, à Charleville ; j'amenai, ô joie, un bon numéro, qui m'exemptait de tout service actif. Restait la mobile ; je comparus donc devant le conseil de révision, vêtu seulement d'un binocle. Ma myopie, dûment constatée, me fit exempter d'emblée, nouvelle joie. Dame, il n'était pas question de guerre, et l'absurde expédition du Mexique n'était pas de nature à développer nos instincts guerriers. J'aurais pu, il est vrai, me prémunir d'avance contre ces divers aléas, en contractant, comme universitaire, un engagement décennal ; mais si j'aimais mon métier d'enseignant, j'aimais par-dessus tout mon indépendance. Elle était désormais réservée... Je m'excuse d'intercaler ici des détails qui semblent ne concerner que moi. Mais on verra qu'ils étaient nécessaires pour faire comprendre ce qui va suivre.

Quand j'allai me faire inscrire, Rimbaud m'offrit de m'accompagner dans cette petite promenade hygiénique. En route il me déclare tout de go « qu'il va se faire inscrire en même temps que moi ». J'ai beau lui affirmer que, n'étant pas majeur, il ne peut disposer de lui sans le consentement de sa mère, il refuse de croire à cette « énormité » et, quand le préposé aux engagements lui oppose un « non » péremptoire, il sort en pestant contre « la veulerie des bureaux ». J'affirme l'exactitude de ces propos.

Ceux qui voudront bien me croire sur parole trouveront une discordance singulière, entre sa lettre du 25 août, où s'étale un antimilitarisme exubérant, et ces touffeurs d'héroïsme que je constate à moins de trois semaines de distance... à quoi je réponds que cette « blague » féroce ne vise jamais le courage vrai, mais seulement la fausse gloriole : « Cette benoîte population gesticule, prudhommesquement spadassine, *bien autrement que les assiégés de Metz ou de Strasbourg.* »

Et puis, je n'ai pas pris l'engagement de servir au lecteur un Rimbaud stabilisé dans une attitude. Ignorez-vous sa versatilité coutumière ? Il faut le prendre tel qu'il est.

On pourra dire aussi qu'il me jouait une comédie, voire, qu'il se la jouait à lui-même. Ceci, je ne l'ai pas cru et ne le crois pas encore, en dépit de ses variations ultérieures. Son tempérament frondeur, anticocardier, son dédain des mots lapidaires, du « patrouillotisme » comme il dit, l'eussent plutôt incité à jouer la comédie inverse, celle du détachement et de la gouaille, comme en sa lettre du 25 août : « Ma patrie se lève, moi j'aime mieux la voir assise : ne remuez pas les bottes, c'est mon principe », et autres lazzis d'une drôlerie contestable...

Oui, mais depuis l'envoi de cette lettre, quelque chose a passé dans l'air : l'esprit national s'est ressaisi ; l'affront infligé au pays par la morgue du vainqueur, le soufflet asséné par lui sur la joue de « son vaincu » et que d'aucuns affectaient d'ignorer, chacun à cette heure en ressent la cuisson sur sa propre joue. Les républicains, pacifistes d'hier, ont répudié la stérile devise « Paix à tout prix », comme incompatible avec les coups qui pleuvent dru sur nous. L'ont-ils répudiée ? non, mais élargie. Tu me cognes, je te cogne. Tendre l'autre joue ? non, pas cela ! L'ennemi me relance, alors, bataille !... Car « Paix *à tout prix* », cela veut dire, n'est-ce pas, qu'on y mettra *le prix qu'elle vaut.*

Truismes innocents et simplistes ! C'est le cas de tous les truismes. De qui émanaient-ils ? De lui, de moi ? Nous nous donnions la réplique. Oublierez-vous que la fièvre obsidionale sévissait maintenant sur toute la France : elle admet toutes les sottises, excuse toutes les paniques, crée des mirages, rend tous les prodiges acceptables. Les plus sceptiques y sont pris. Le « Jusqu'au bout », la revanche « immédiate » ou au pis aller « très prochaine », tout cela nous entrait dans le crâne, comme enfoncé à coups de maillet par les véhémentes, les fatidiques proclamations d'un Gambetta.

... Avouerai-je aussi, pour tout mettre au point, qu'à nos emballements se mêlait un brin de littérature. Nous avions, en juin et juillet derniers, trimé ensemble, dans mon chez-moi de Charleville, sur le *Prométhée enchaîné* d'Eschyle, si bien qu'à Douai des bribes du texte grec nous hantaient à tout moment. La fameuse apostrophe du début, (*ô dios aither..*) que nous savions quasiment par cœur alimentait nos révoltes contre le fait accompli, contre le *vœ victis* de Bismarck, contre les coups d'où qu'ils viennent, contre la couardise et les lâchetés qu'elle encourage. En nous, passaient toutes les colères de Prométhée, géant bienfaisant, déchiré dans sa chair par la morsure et les serres du vautour : colère aveugle, oui, et démente à ce qu'il semble quand il invoque, comme pour demander protection, l'air qui l'entoure, le vent qui passe, la mer qui lui sourit de tout le sourire de ses vagues, et la terre si maternelle et le soleil « qui voit tout », et jusqu'aux gentilles Océanides qui s'approchent craintivement de lui !... « Fou furieux ? » Non. Il prend ses témoins pour une révision qu'il appelle, pour un avenir qu'il pressent. Vaincu, ligoté, il fait peur aux dieux, ses bourreaux. Il se sent fort, contre eux, de toute sa prescience divinatoire parce qu'au-dessus des dieux mêmes il y a le destin, la logique des choses. N'est-ce pas un peu cela, cette « Justice immanente »[1] dont les idées, sinon la formule, étaient déjà en germe dans les manifestes de 1870.

Rimbaud fut empoigné, lui, révolté d'hier, en qui couvaient toutes les révoltes, toutes les mystiques, tous les lyrismes. Il découvrait une âme de poète et non de vulgaire politicien[2]. Réfléchissons, je vous prie, rimbaldistes mes frères, que le 4 septembre ne fut pas seulement une date épisodique, marquant pour nous d'une note pittoresque (Mazas) « les bohémienneries » d'un Rimbaud, mais une date formidable — disait Rimbaud lui même — dans les destinées d'une grande nation. Et vous voudriez que le poète du *Forgeron*, du *Dormeur du Val* et des *Morts de Valmy*,

1. C'est aux fêtes de Cherbourg (9 août 1880) que Gambetta prononça cette phrase célèbre : « Si nos cœurs battent ce n'est pas pour un idéal de sanglantes aventures : c'est pour que nous puissions compter sur l'avenir, pour savoir s'il y a une justice immanente dans les choses, qui vient à son jour et à son heure. »

2. Cf. Alphonse Daudet, *Souvenirs d'un homme de lettres*.

Hommes extasiés et grands dans la tourmente,

eût passé, frivole ou réticent, à côté de cette épopée qui nous emplissait les yeux et le cœur... Oui, quand c'est fini, quand on s'est repris, on se blague, on se gourmande, on nous la fait au dandysme : « horreur de ma bêtise ».

Mon enrôlement volontaire dans l'infanterie ne comportait pas départ immédiat, car les fusils manquaient partout, et les uniformes, et le reste. (Les uniformes, non pour la parade, mais parce que les Prussiens fusillaient tout prisonnier civil qui tombait entre leurs mains). Tout était à improviser. En attendant, je restais inscrit sur les rôles de la Garde Nationale douaisienne et j'étais tenu de participer à ses exercices. J'y dus absorber tout le rudiment de l'école de peloton, « une, deusse... Portez, arme, etc. » Nous étions armés — c'est une façon de parler — de vieux fusils de munition, à baguette ; en fait, il n'y en avait que deux ou trois par peloton, et qui restaient répartis entre les gradés. Comme sous-officier, nous avions un bon vieux briscard édenté, nommé sergent pour ses connaissances : il ne savait pas lire, mais possédait à fond les secrets de la charge en douze temps, la seule possible avec le flingot qu'il détenait. Nous « ses hommes », nantis de manches à balai — qui faisaient merveille comme de vrais chassepots — nous lui obéissions passivement, dociles, attentifs à reproduire sa mimique, à faire le simulacre de tirer *ette* (une baguette imaginaire), de la retourner dextrement entre nos doigts, pour enfoncer *ouche* (la cartouche absente) dans le pertuis d'un canon de fusil inexistant. Ces fortes leçons nous étaient données, tantôt sur les remparts, tantôt à « la Berce Gayant », lieu gazonné, caché dans les glacis des fortifications extérieures.

Rimbaud s'y rendait avec moi, suivait nos manœuvres d'un œil d'envie, et, sa vocation s'affirmant, il me pria de solliciter son admission comme « garde national volontaire », ce que je fis incontinent, et j'obtins pour lui un manche à balai supplémentaire, à choisir dans nos dépôts d'armes. Ce premier succès l'enhardit, fit naître en lui l'ambition de posséder en propre un vrai fusil, fût-il d'un modèle archaïque. Si ce rêve ne put être exaucé, ce ne fut pas faute d'insistance, comme on le verra dans la protestation qui vient ci-après, retrouvée en 1911 dans les conditions que j'ai dites. Le texte, tout entier de sa main, d'une écriture très appliquée, occupe deux pages et demie d'une grande feuille de papier écolier. Il n'y aurait pas grand intérêt à reproduire en entier cet autographe ; il suffit de savoir qu'il existe, dans quelles conjonctures il fut rédigé, et que j'en garantis l'authenticité, d'ailleurs attestée par l'écriture. Voici ce document :

Nous, soussignés, membres de la légion de la garde nationale sédentaire de Douai, protestons contre la lettre de Monseieur M...[1]*, maire de Douai, portée à l'ordre du jour du 18 septembre 1870.*

Pour répondre aux nombreuses réclamations des gardes nationaux non armés, Monsieur le Maire nous renvoie aux consignes données par

1. Les noms sont en toutes lettres dans l'original, de même aussi dans l'article de journal reproduit plus loin.

le Ministre de la Guerre ; dans cette lettre insinuante il semble accuser de mauvaise volonté ou d'imprévoyance le Ministre de la guerre et celui de l'Intérieur. Sans nous ériger en défenseurs d'une cause gagnée, nous avons le droit de remarquer que l'insuffisance des armes, en ce moment, doit être imputée seulement à l'imprévoyance et à la mauvaise volonté du Gouvernement déchu, dont nous subissons encore les conséquences. Nous devons tous comprendre les motifs qui déterminent le gouvernement de la Défense Nationale à réserver les armes qui lui restent encore aux soldats de l'armée active, ainsi qu'aux gardes mobiles : ceux-là, évidemment, doivent être armés avant nous par le Gouvernement. Est-ce à dire qu'on ne pourra pas donner des armes aux trois-quarts des gardes nationaux, pourtant bien décidés à se défendre en cas d'attaque? non pas. Ils ne veuleut pas rester inutiles : il faut à tout prix qu'on leur trouve des armes. C'est aux conseils municipaux, élus par eux, qu'il appartient de leur en procurer. Le maire, en pareil cas, doit prendre l'initiative, et, comme on l'a fait déjà dans mainte commune de France, il doit spontanément mettre en œuvre tous les moyens dont il dispose pour l'achat et la distribution des armes dans sa commune.

Nous aurons à voter dimanche prochain pour les élections municipales, et nous ne voulons accorder nos voix qu'à ceux qui, dans leurs paroles et dans leurs actes, se sont montrés dévoués à nos intérêts. Or, selon nous, la lettre du maire de Douai, lue publiquement, dimanche dernier, après la Revue, tendait, volontairement ou non, à jeter le discrédit sur le gouvernement de la Défense Nationale, à semer le découragement dans nos rangs, comme s'il ne restait plus rien à faire à l'initiative municipale ; c'est pourquoi nous avons cru devoir protester contre les intentions apparentes de cette lettre.

Je n'avais pas collaboré à ce chef-d'œuvre ni demandé à Rimbaud de l'écrire. Mais il avait assisté, figurant ponctuel, à cette parade où le maire nous fit les honneurs de sa lettre. Il avait, en r'venant d'la r'vue, entendu les réflexions échangées par les mécontents, dont j'étais ; on m'avait prié de rédiger une protestation que tous signeraient. Rentré rue de l'abbaye des Prés, je me disposais à l'écrire, mais Rimbaud m'avait devancé. Quand il m'apporta la sienne, je n'y vis rien à reprendre ; je le félicitai même, pour son coup d'essai dans le journalisme — car c'était bien cela — de s'être assimilé si vite le jargon bafouillard, les clichés et les redondances des polémiques journalistiques, « cette lettre insinuante »... « sans nous ériger en défenseurs d'une cause gagnée... »

Garde national jusqu'à la gauche, il ne voulait pas même penser à la lettre imminente de sa mère qui l'arracherait à ce prurit martial : il vivait l'heure présente ; *carpe diem*. La réponse arriva néanmoins, trop tôt pour que sa propagande eût le temps de produire tout son effet ; une signature, une seule, fut apposée au bas de son *factum*.

Au reste le conflit engagé entre le maire et nous était parfaitement insoluble. Nous lui réclamions des armes, il n'en avait pas : des raisons fort valables pouvaient nous être opposées ; il préféra, pour faire pièce au Gouvernement de la Défense... mais que vais-je vous raconter là ? Il ne s'agit pas de monsieur le maire, mais de Rimbaud, quatre-septembriste à cette heure-ci, et qui sera, moins d'un an plus tard, le communard verbeux, objurgateur et théâtral de *Paris se repeuple* :

« O lâches, la voilà !... »

Après le 18 mars comme après le 4 septembre, c'est encore et toujours aux lâchetés qu'il s'en prend, et cette fidélité à ses haines met comme une sorte d'unité dans ses variations les plus déconcertantes.

Rimbaud journaliste.

J'ai dit que le journalisme exerçait sur nous une attirance très vive, sur moi, dis-je, non moins que sur lui. Nous avions tant de choses à dire, et qui pouvaient sembler neuves à des novices de notre espèce, tant de choses refoulées en nous sous le précédent régime, plus inquisiteur et plus tracassier peut-être qu'il ne l'eût voulu... Mais il y a toujours des sous-ordres qui font du zèle. Nous étions imprégnés de Paul-Louis Courier, et nous faisions un couple de rêveurs assez bien assorti.

Depuis la reddition de Sedan, la chasse aux nouvelles allait son train, à Douai comme ailleurs. Des crieurs couraient par la ville, colportant des imprimés hâtifs, des papillons de quelques lignes, des télégrammes arrivés une demi-heure avant. Un imprimeur de la localité venant de lancer un petit journal atone, dit *Journal de Douai*, publiant les dépêches de la journée, à la diable, sans aucun commentaire. Je m'avisai d'aller le trouver ; je lui proposai ma collaboration pour de petits articles de tête, accompagnés d'entrefilets en vue de donner à sa feuille un peu de vie apparente, avec une note politique très discrète, mais conforme à l'esprit nouveau. C'est cela la propagande ; l'opportunisme, ce fut cela... Comme je ne lui demandais rien en retour, il accepta, m'installa une petite pièce meublée d'une table, d'une ou deux chaises, et de « ce qu'il faut pour écrire » : ce fut ma salle de rédaction. Je n'y recevais d'autre visite que celle de l'ami Deverrière et, bien entendu, de Rimbaud qui venaient y lire les rares journaux mis à ma disposition. Ça fleurait bon l'encre d'imprimerie, Rimbaud s'y dilatait...

Il avait été convenu que notre feuille de chou prendrait avant peu un nouveau titre, un peu moins fade : *Le Libéral du Nord.* Je savais qu'un journal du même nom avait paru, vingt ans auparavant, sous la seconde république, fort bien dirigé par un Douaisien, Emile Dupont, un ancien ami de la famille Gindre. Ledit journal ayant été supprimé après le 2 décembre, Emile Dupont s'était fixé à Paris, et l'on n'avait plus eu que très rarement de ses nouvelles...,

Depuis quelques jours donc, j'alimentais de mon mieux mon canard, paré de son nouveau titre, lorsqu'un matin, en pénétrant dans mon réduit d'ordinaire vide, j'y trouvai un inconnu qui m'y attendait. Il se nomma : Emile Dupont. Je compris qu'il venait reprendre sa place de combat et, de suite, je m'inclinai avec déférence. Il m'invita à lui continuer ma collaboration ; puis Rimbaud étant survenu, je fis une présentation en règle, omettant toutefois de parler de lui comme d'un collaborateur possible. Je savais pourtant le désir qui le tenaillait, et j'aurais pu lui donner cette satisfaction innocente ; mais la réponse de maman Rimbaud avait beau tarder, elle arriverait incessamment ; je ne voulais pas offrir l'ombre d'un prétexte aux résistances toujours possibles du jeune récalcitrant. Voyez-vous qu'il lui prît fantaisie, quand je le mènerais au train, de me répondre avec son fier mépris des contingences : « Mon devoir est ici, j'ai une mission à remplir, *la cause* a besoin de moi, je reste !... Même si vous me fermez votre porte, je resterai ici, dussé-je vivre de l'air du temps »... Il ne faut pas tenter le Diable.

J'oubliais de dire que, la veille de cette entrevue, une réunion publique avait eu lieu, incident rare dans la placide cité. Je m'y étais rendu avec mes deux complices... Des personnages qui m'étaient fort bien connus avaient pris part à la discussion, entre autres un Monsieur J..., codirecteur d'une importante usine, ingénieur, homme rassis, au verbe mordant ; et un artiste peintre, réputé dans la ville par son bagou facile et amusant.

Emile Dupont m'adressa le numéro contenant son premier article. Il porte la date du dimanche 25 septembre 1870. Pendant que je fais sauter la bande, Rimbaud suit mes mouvements, en affectant un air détaché qui m'intrigue. A la troisième page, aux « Locales » je tombe sur l'entrefilet suivant. On devine pourquoi je le reproduis.

Réunion publique, rue d'Esquerchin

VENDREDI SOIR, 23 SEPTEMBRE

La séance est ouverte à 7 heures : l'ordre du jour est la formation d'une liste électorale. Le citoyen président donne lecture de deux listes électorales, puis de deux listes de conciliation.

Le citoyen J... (ce nom en toutes lettres) trouve charmante l'idée de cette liste de conciliation qu'il appelle liste des malins. Il fait ressortir que certains citoyens connus par leurs opinions réactionnaires ou pour leur nullité ont l'immense avantage d'être portés sur deux, même sur trois listes. Naturellement, les candidats sérieux et convaincus ne figurent que sur une liste. Cette remarque, faite d'une façon vive et nette, obtient l'assentiment de l'auditoire. Le citoyen président propose, pour composer une nouvelle liste électorale, de voter, et d'accepter ou de rejeter chacun des candidats nommés sur les trois premières listes.

Un des citoyens assesseurs égrène le chapelet des conciliabules, presque tous sont rejetés avec un entrain splendide.

On propose des noms nouveaux. Les citoyens J..., P..., et quelques autres déclinent l'honneur de figurer sur la liste. Une petite lanterne assez agréablement bouffonne est faite par le citoyen S... Il dresse un jugement d'outre-tombe à l'ancien conseil municipal, et conte les aventures de certain carillon.

La séance se termine avec la composition de la nouvelle liste. Elle est intitulée : liste recommandée aux républicains démocrates. *Un citoyen fait remarquer que tout Français aujourd'hui doit être républicain démocrate, qu'en conséquence le titre de cette liste la recommande à tous les citoyens. La réunion se dissout à dix heures.*

Ça, du Rimbaud ? direz-vous... Ça suinte l'ennui, la suffisance mesquine et guindée, la platitude professionnelle du sous-reporter illettré qui se mire dans ses âneries !... Et lui ce fin connaisseur, et qui savait sa langue... Non ! Il ne sait plus rien ! Pour l'instant, il attend des compliments, rouge de pudeur comme une jeune vierge à son premier baiser, le premier baiser de la muse... journalistique.

— C'est ainsi que vous abusez de ma confiance ! lui dis-je en riant.

— Bah ! vos amis seront contents.

— Je n'en jurerais pas. Oui, le peintre S... peut-être ; il se souvient d'avoir été rapin et un brin de réclame ne l'intimide pas. Mais les autres, mais ce M. J...

— Eh bien ! lui ai-je ménagé les compliments ?

— Seront-ils de son goût ? C'est un personnage grave, nullement prudhommesque, mais posé dans la ville, bref « un monsieur », et vous lui baîllez du « citoyen », comme s'il s'appelait Marat ou... Carrier, l'homme des noyades de Nantes.

— Mais non, c'est un titre qu'on donnait à tout le monde, sous la république ; en 93, en 48, on faisait ainsi.

— Ne nous grisons pas de mots :

— Le passé est le passé ; cette république-ci a mieux à faire que de singer ses devancières, que d'effrayer les timides par des formules démodées. L'opposition nous appelle « des rouges », ne donnons pas de prétextes à cette comédie de la peur. Ce monsieur J... est à la tête d'un personnel important, des ouvriers, des employés, partisans comme lui de nos idées. Supposez que, dans leurs rapports journaliers avec lui, ils veuillent user de votre formule, les uns croyant bien faire, les autres par rigolade ; son usine ira de travers, il aura des tracas dont *nous* serons la cause première. Je doute qu'il nous en sache gré.

Le même jour, je passai au Cercle, dit « des professeurs » bien qu'il comptât beaucoup de membres étrangers à l'enseignement. Je trouvai là « le Père Nicolas », mon ancien maître qui fut toujours pour moi plus qu'un ami. Près de lui, Monsieur J..., « le citoyen J... » qui tout d'abord m'interpelle : « Vous êtes l'auteur du compte rendu paru dans le *Liberal* ?

— Moi ? non. — Qui, alors ?... Vous êtes rédacteur en chef de ce journal, donc vous êtes au courant de ce qu'il publie. — Vous vous trompez : j'ai remis *mes pouvoirs* à M. Emile Dupont ; son article de tête vous le prouve, et lui seul aurait qualité pour vous répondre ».

Ce monsieur J... n'était pas mauvais diable ; je le savais instruit, intelligent, mais rageur et bourru. J'étais plutôt en bons termes avec lui, mais j'avais à me tenir sur mes gardes pour éviter de *découvrir* mon satané Rimbaud.

« Vous faites l'ignorant, poursuit-il, mais l'article émane de quelqu'un qui a assisté à la réunion de vendredi. S'il n'est pas de vous, il est d'un de ceux que j'y ai vus avec vous. Or, « je défends » qu'on s'occupe de moi, qu'on cite mon nom dans un journal ».

Cet homme avait plus que deux fois mon

âge, je faisais effort pour me contenir, mais ce « je défends » ainsi articulé, me fit perdre patience : « Pardon, monsieur ! Si vous prenez la parole en public, vous donnez à la presse le droit de s'occuper de vous. Je ne vois pas, d'ailleurs, qu'on y ait mis de la malveillance.

— Vous ne voyez pas, vous ne voyez pas !.. »

Et son irritation montait d'autant plus qu'il n'en voulait pas avouer la vraie cause, ce qualificatif de « citoyen » qu'il avait sur le cœur. Alors, sur un mot de lui qui frisait la menace et qu'allait suivre une riposte adéquate, le père Nicolas s'est levé : doyen des professeurs du Lycée, il a l'autorité voulue pour intervenir : « Tais-toi, Izambard, me dit-il, et vous, J..., écoutez-moi. » Il parvint à le calmer, le força à se rasseoir, et m'indiqua une autre place près de la sienne à lui, de façon à jouer le rôle d'Etat tampon s'il nous reprenait fantaisie de nous entre-dévorer. Le citoyen gardait son air de hargne.

Je ne laissai pas de retourner au Cercle le lendemain, et comme je venais de serrer des mains amies, évitant celle de mon furieux, c'est lui qui me tendit la sienne : « Monsieur Izambard, fit-il, *c'est ma tournée* : prenez donc *un verre* avec nous ». Cela dit avec une rondeur joviale, et sur le ton des buveurs d'estaminet quand ils se font des politesses. Le geste avait de l'élégance, vu la différence des âges. La paix fut scellée, mais l'alerte avait été chaude.

Qu'il vienne, qu'il vienne

Je retrouverais sans peine bien d'autres faits de second ordre : le temps aurait pu les déformer ou même les effacer — comme le blaireau du peintre effaça jadis les adieux crayonnés sur notre porte — si je n'avais eu de loin en loin l'occasion d'en raviver le souvenir dans l'intimité de la causerie. Par ces entretiens, qui rapprochaient le passé du présent, les faits reprenaient leur physionomie première, avec ses reliefs, ses tons et ses valeurs. Mais ils seraient, pour les autres, de si minime intérêt, que je m'abstiendrai de les consigner ici.

En voici un, pourtant, que je veux sauver de l'oubli, parce que je le soupçonne d'avoir été pour quelque chose dans la fameuse *Chanson de la Plus haute tour*, objet d'une dilection particulière à ce qu'il semble, puisque le poète lui a fait place à deux reprises dans son œuvre.

Lui-même, et après lui Delahaye et Verlaine nous ont dit son goût de raffiné pour les vieux poèmes simplistes, d'une maladresse puérile et touchante, « refrains niais, rythmes naïfs » [1] qu'il s'appliquait à traduire en « d'espèces de romances ».

Donc, un jour de septembre, au cours d'une promenade hors la ville encore ceinturée de ses vieux remparts, nous étions arrivés en vue du château de Wagnonville ; nous suivions une étroite venelle — une pied-sente comme on dit là-bas — bordée d'un côté par un joli ruisselet, l'Escrébieu, de l'autre par un champ d'avoine entremêlé d'herbes folles : une tige d'avoine, poussée au milieu du sentier, semblait nous barrer le

1. V. Alchimie du verbe.

passage. Rimbaud qui, très allègre, marchait devant la canne en bataille, la décapita d'un coup sec :

— Comme Tarquin le Superbe, me dit-il. Puis, content de m'avoir ébloui par ce souvenir du *de Viris*, il ramassa l'épi barbelé tombé à terre, et repartit en fredonnant gaîment les deux vers suivants sur un air inconnu de moi :

Avène, avène,
Que le beau temps t'amène...

Je n'ai pas retenu l'air qu'il chantait, mais l'allure vieillote des vers m'intéressa : j'allais lui en demander la provenance, mais on parlait déjà d'autre chose.

Bien longtemps après, j'étais à la Bibliothèque Nationale, en train de dépouiller — pour moi — des recueils divers de chansons de terroir, de celles où l'air est né en même temps que les paroles, lorsque je tombai sur les deux vers que j'ai dit. L'auteur les donnait comme provenant d'une très ancienne ronde, et s'en tenait là. J'en copiai à tout hasard la musique... Je l'ai perdue, ainsi que la fiche indiquant le titre de l'ouvrage et son auteur. Mais l'air, cette fois, m'est resté dans l'oreille — celui du recueil — et je le reproduis plus loin sur portée.

Est-ce bien celui que connaissait Rimbaud, celui qu'il chantonnait près du château de Wagnonville ?[1] J'incline à le croire. Connaissait-il aussi les autres vers de la ronde, avec la mélodie au complet ? C'est assez probable.

Si cette mélodie nous était connue dans son entier — à d'autres ou à moi — et si elle s'adaptait aux strophes de Rimbaud, je crois que la preuve serait faite, et nous serions fondés à joindre cet air à sa chanson. Qui nous dira cet air ? qui nous apportera cette preuve ?

... Car la courte phrase musicale que je donne, *ne porte que sur le refrain*. Mais comme elle s'y adapte parfaitement, mon hypothèse me semble fort soutenable..., en ce qui concerne le refrain.

1. Cf. *O saisons, ô châteaux*, écrit sur le même timbre.

L'objection que l'on pourrait me faire, je la vois venir, et je la présente ainsi :

Oui, cette *Chanson de la plus haute tour* figure deux fois dans son œuvre, mais avec des variantes appréciables : la première fois, dans *Illuminations*, avec ce refrain :

> *Qu'il vienne, qu'il vienne.*
> *Le temps dont on s'éprenne !... (six pieds).*

la seconde fois dans la *Saison en Enfer :*

> *Ah que le temps vienne*
> *Où les cœurs s'éprennent !... (cinq pieds)*

Le refrain, qui a six pieds dans la version primitive, n'en a que cinq dans la version nouvelle.

A quoi je réponds que la Chanson populaire — qui fut à l'origine orale, et non écrite — s'accommode fort bien et use sans façon de ces apparentes licences, soit qu'elle prolonge *une même syllabe* sur deux notes (ce qui donne au vers un pied de moins) ; soit qu'elle dédouble *une même note* et l'utilise alors pour deux syllabes (d'où un pied de plus), sans que cela influe sur la mesure.

Il y a note liée (*ligato*) dans le premier cas, note tenue (*tenuto*) dans le second. On s'en rendra compte par la notation ci-après où l'on verra les trois versions en présence adaptées à la musique de la ronde :

Ainsi, la variante dont il s'agit, loin d'infirmer mon hypothèse, me semble plutôt la renforcer : non qu'elle viole les règles de la composition, mais elle laisse au chanteur le soin de s'en tirer comme il peut, ce qui est tout à fait dans les habitudes de la Chanson Populaire.

BIBLIOGRAPHIE

Publications de M. G. Izambard relatives à Arthur Rimbaud

Liberté, du 11 décembre 1891 : « Profils de plagiaires ».

Echo de Paris, du 16 décembre : « Un poète maudit ».

Liberté des 9 et 16 juillet 1898 : « Chroniques du samedi ».

Mercure de France, du 16 décembre 1910 : « Arthur Rimbaud rhétoricien ».

Ibid. : 1 et 16 janvier 1911, 16 juillet 1912. Voir à la Correspondance, réplique à M. Paterne Berrichon.

Revue Indépendante, 4 juin 1912.

Hispania. Nos du 2e trimestre 1918 : « De l'espagnolisme de Verlaine » (et incidemment sur Rimbaud).

Belles-Lettres de janvier 1921 : « *Licences* poétiques de Verlaine ».

Mercure de France du 1er juillet 1925 : « Les deux préfaces du Reliquaire ».

ACHEVÉ D'IMPRIMER
LE 22 MARS 1927
POUR
SIMON KRA
6, RUE BLANCHE, PARIS
SUR LES PRESSES
DE
PAILLART A ABBEVILLE

www.ingramcontent.com/pod-product-compliance
Ingram Content Group UK Ltd.
Pitfield, Milton Keynes, MK11 3LW, UK
UKHW021821190726
13853UKWH00003B/1116